AF284819

Impressum
Verlag: BABADADA GmbH, Nedderfeld 112 , 22529 Hamburg
Geschäftsführer / Verlagsleitung: Harald Hof
Druck: Books on Demand GmbH, In de Tarpen 42, 22848 Norderstedt

Imprint
Publisher: BABADADA GmbH, Nedderfeld 112 , 22529 Hamburg, Germany
Managing Director / Publishing direction: Harald Hof
Print: Books on Demand GmbH, In de Tarpen 42, 22848 Norderstedt

اسکول

école

کمرہ جماعت
salle de classe
تقسیم کریں
diviser
186/2
بورڈ
tableau noir
سکول کا صحن
cour (de récréation)
اُستاد
professeur
کاغذ
papier
لکھنا
écrire
قلم
stylo
میز
bureau
پیمانہ
règle
کتاب
livre
شاگرد
élève

بستہ
cartable

پینسل کیس
trousse

پینسل
crayon

پینسل شارپنر
taille-crayon

ربڑ
gomme

ڈرائنگ پیڈ
carnet à dessin

ڈرائنگ

dessin

پینٹ برش

pinceau

پینٹ باکس

boîte de peinture

قینچی

ciseaux

گوند

colle

مشق کی کاپی

cahier d'exercices

ہوم ورک

devoirs

ہندسہ

chiffre

2+2

جمع کریں

additionner

منفی کریں

soustraire

2×2

ضرب دیں

multiplier

شمارکریں

calculer

A

خط

lettre

ABCDEFG
HIJKLMN
OPQRSTU
VWXYZ

حروف تہجی

alphabet

لفظ

mot

متن
texte

پڑھنا
lire

چاک
craie

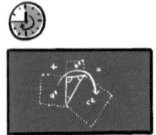

سبق
leçon

اندراج
livre de classe

امتحان
examen

سند
certificat

سکول یونیفارم
uniforme scolaire

تعلیم
formation

انسائیکلوپیڈیا
lexique

یونیورسٹی
université

خورد بین
microscope

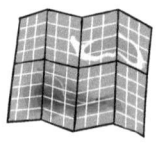

نقشہ
carte

ویسٹ پیپر باسکٹ
corbeille à papier

سفر

voyage

hôtel
auberge
CHANGE
رقم تبدیل کرانے کیلئے دفتر
bureau de change
سوٹ کیس
valise
کار
voiture

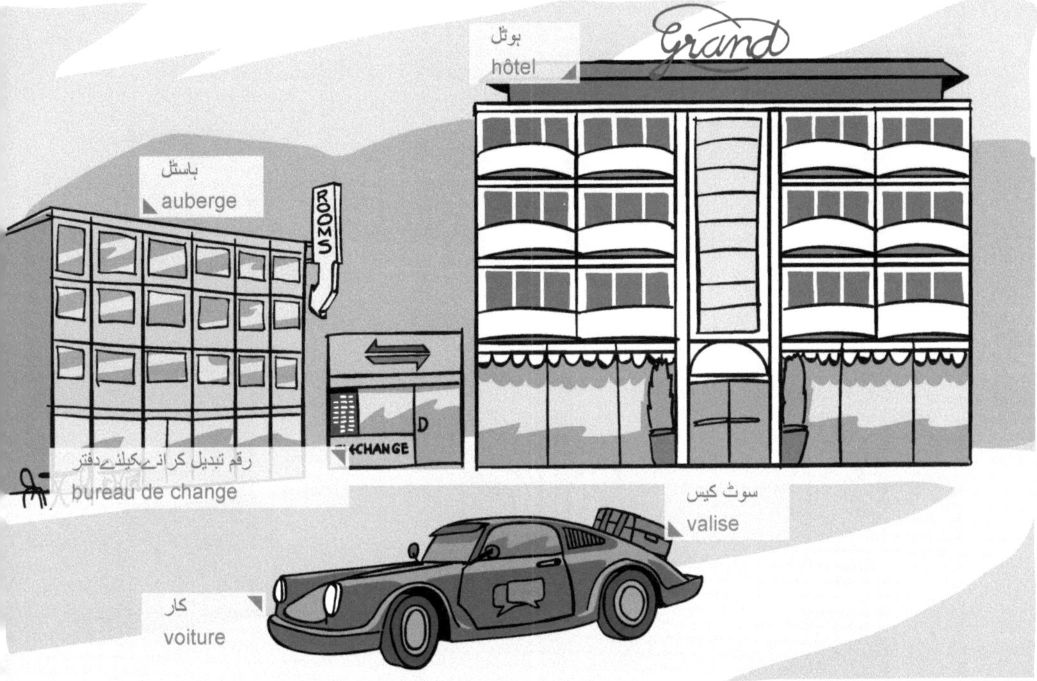

زبان

langue

ہاں / نہیں

oui / non

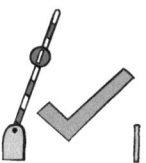

ٹھیک ہے

d'accord

ہیلو

Salut

مُترجم

interprète

شُکریہ

merci

--- کی کیا قیمت ہے؟

....

Combien coûte...?

میں نہیں سمجھتا

....

Je ne comprends pas

مشکل

....

problème

شام بخیر!

....

Bonsoir !

صبح بخیر!

....

Bonjour !

شب بخیر!

....

Bonne nuit !

الوداع

....

Au revoir

سمت

....

direction

سفری سامان

....

bagages

بیگ

....

sac

بیگ پیک

....

sac-à-dos

مہمان

....

hôte

کمرہ

....

pièce

سلیپنگ بیگ

....

sac de couchage

ٹینٹ

....

tente

سیاحوں کے لئے معلومات

....

office de tourisme

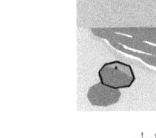

ساحل

....

plage

کریڈٹ کارڈ

....

carte de crédit

ناشتہ

....

petit-déjeuner

لنچ

....

déjeuner

ڈنر

....

dîner

ٹکٹ

....

billet

لفٹ

....

ascenseur

مُہر

....

timbre

سرحد

....

frontière

کسٹمز

....

douane

سفارت خانہ

....

ambassade

ویزا

....

visa

پاسپورٹ

....

passeport

نقل وحمل

transport

ہوائی جہاز
avion
سمندری جہاز
navire
آگ بُجھانےوالی گاڑی
véhicule de pompiers
بس
bus
ٹرک
camion
موٹربوٹ
bateau à moteur
سائیکل
bicyclette
کار
voiture

فیری

ferry

کشتی

barque

موٹرسائیکل

moto

پولیس کار

voiture de police

ریسنگ کار

voiture de course

کرایہ پرکار

voiture de location

کارکا اشتراک کرنا
....
auto-partage

کھینچنےوالا ٹرک
....
voiture de remorquage

کوڑے والا ٹرک
....
benne à ordures

کار
....
moteur

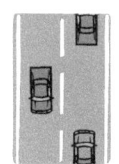

ایندھن
....
essence

پٹرول اسٹیشن
....
station d'essence

ٹریفک کےنشانات
....
panneau indicateur

ٹریفک
....
trafic

ٹریفک جام
....
embouteillage

کارپارک
....
parking

ٹرین اسٹیشن
....
gare

پٹڑیاں
....
rails

ٹرین
....
train

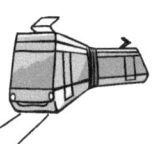

ٹرام
....
tramway

ویگن
....
wagon

بیلی کاپٹر

hélicoptère

ائرپورٹ

aéroport

ٹاور

tour

مسافر

passager

کنٹینر

conteneur

ڈبہ

carton

ریڑھا

chariot

ٹوکری

corbeille

اڑان بھرنا / زمین پر اترنا

décoller / atterrir

شہر

ville

گاؤں

village

سٹی سنٹر

centre-ville

مکان

maison

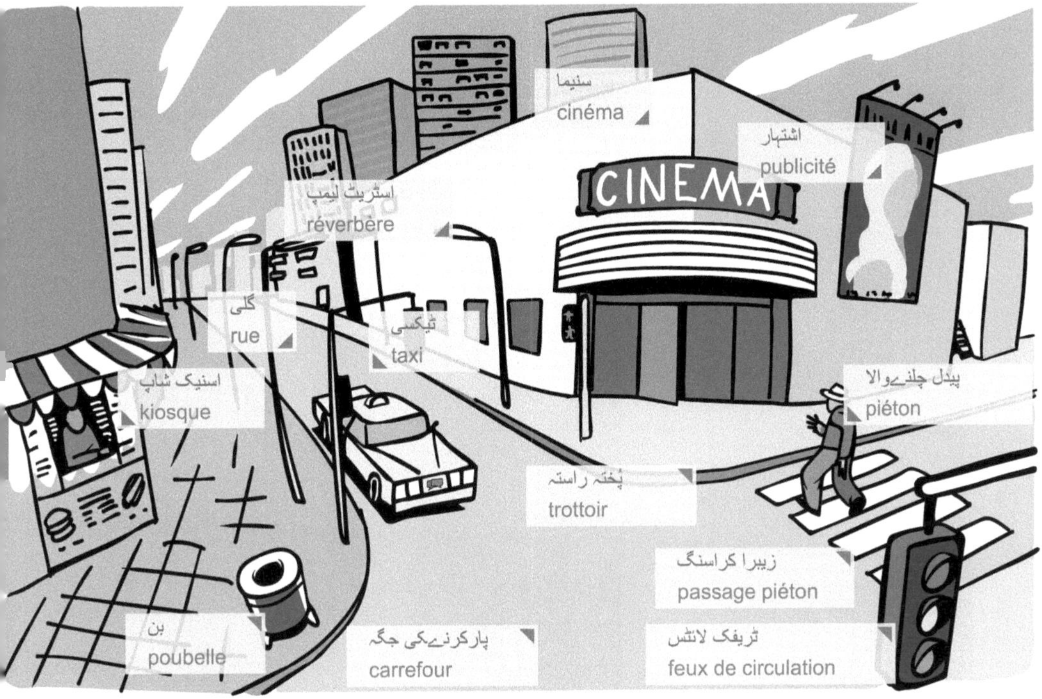

سنیما
cinéma
CINEMA
اشتہار
publicité
اسٹریٹ لیمپ
réverbère
گلی
rue
ٹیکسی
taxi
اسنیک شاپ
kiosque
پیدل چلنے والا
piéton
پختہ راستہ
trottoir
زیبرا کراسنگ
passage piéton
بن
poubelle
پارکرنے کی جگہ
carrefour
ٹریفک لائٹس
feux de circulation

ہٹ

cabane

فلیٹ

appartement

ٹرین اسٹیشن

gare

ٹاؤن ہال

mairie

عجائب گھر

musée

اسکول

école

یونیورسٹی

....

université

بینک

....

banque

ہسپتال

....

hôpital

ہوٹل

....

hôtel

فارمیسی

....

pharmacie

دفتر

....

bureau

کتابوں کی دکان

....

librairie

دکان

....

magasin

پھولوں کی دُکان

....

fleuriste

سُپرمارکیٹ

....

supermarché

مارکیٹ

....

marché

ڈیپارٹمنٹ سٹور

....

grand magasin

مچھلی کی دُکان

....

poissonnerie

شاپنگ سنٹر

....

centre commercial

بندرگاہ

....

port

پارک

parc

بنچ

banque

پُل

pont

سیڑھیاں

escaliers

انڈرگراؤنڈ

métro

سرُنگ

tunnel

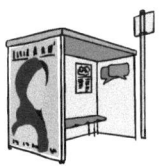

بس اسٹاپ

arrêt de bus

شراب خانہ

bar

ریسٹورنٹ

restaurant

پوسٹ باکس

boîte à lettres

اسٹریٹ سائن

panneau indicateur

پارکنگ میٹر

parcmètre

چڑیا گھر

zoo

سوئمنگ پول

piscine

مسجد

mosquée

کھیت

ferme

آلودگی

pollution

قبرستان

cimetière

چرچ

église

کھیل کا میدان

aire de jeux

مندر

temple

منظر

paysage

پتہ
feuille
رہنمائی کےلئےلگا ہوا بورڈ
panneau indicateur
راستہ
chemin
سبزہ زار
pré
پتھر
pierre
درخت
arbre
پیدل چلنےوالا، ہائکر
randonneur
دریا
rivière
گھاس
herbe
پھول
fleur

وادی

vallée

پہاڑی

montagne

جھیل

lac

جنگل

forêt

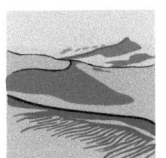

صحرا

désert

آتش فشاں

volcan

قلعہ

château

قوس قزح

arc-en-ciel

کھمبی

champignon

کجھور کا درخت

palmier

مچھر

moustique

مکھی

mouche

چیونٹی

fourmis

مکھی

abeille

مکڑا

araignée

بھونرا

coléoptère

مینڈک

grenouille

گلہری

écureuil

خارپُشت

hérisson

خرگوش

lièvre

الو

chouette

پرندہ

oiseau

راج ہنس

cygne

سؤر

sanglier

ہرن

cerf

امریکی بارہ سنگھا

élan

ڈیم

barrage

ہوا سے چلنے والی ٹربائین

éolienne

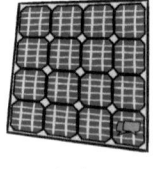

سولر پینل

panneau solaire

آب وہوا

climat

ریسٹورنٹ

restaurant

ویٹر
serveur
مینیو
menu
chaise
سوپ
soupe
پیزا
pizza
کٹلری
couverts
ٹیبل کلاتھ
nappe

استارٹر
hors d'œuvre

مین کورس
plat principal

ڈیزرٹ
dessert

مشروبات
boissons

کھانے کی اشیاء
alimentation

بوتل
bouteille

فاست فوڈ

fast-food

اسٹریٹ فوڈ

plats à emporter

چائےدانی

théière

شوگرباکس

sucrier

حصہ

portion

ایسپریسو مشین

machine à expresso

اونچی کُرسی

chaise haute

بل

facture

ٹرے

plateau

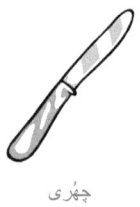

چھُری

couteau

کانٹا

fourchette

چمچ

cuillère

چائےکا چمچ

cuillère à thé

سرویئیٹی

serviette

شیشہ

verre

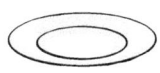

پلیٹ

....

assiette

سوپ پلیٹ

....

assiette à soupe

طشتری

....

soucoupe

چٹنی

....

sauce

سالٹ شیکر

....

salière

پیپرمل

....

moulin à poivre

سرکہ

....

vinaigre

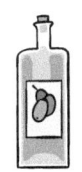

خوردنی تیل

....

huile

مصالحے

....

épices

کیچپ

....

ketchup

سرسوں

....

moutarde

میئونیز

....

mayonnaise

سُپرمارکیٹ

supermarché

خصوصی پیشکش
offre promotionnelle
FOR
گاہک
client
ڈیری
produits laitiers
پھل
fruits
ٹرالی
chariot

گوشت کی دُکان

boucherie

بیکری

boulangerie

وزن کرنا

peser

سبزیاں

légumes

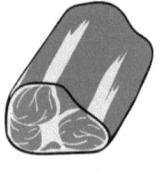

گوشت

viande

جما ہوا کھانا

aliments surgelés

کولڈ کٹس

charcuterie

ڈبے میں بند کھانا

conserves

واشنگ پاؤڈر

poudre à lessive

مٹھائیاں

bonbons

گھریلو مصنوعات

articles ménagers

صاف کرنے کیلئے مصنوعات

détergents

سیلزپرسن

vendeuse

کیش رجسٹر

caisse

کیشئیر

caissier

خریداری کی فہرست

liste d'achats

اوقات کار

heures d'ouverture

بٹوہ

portefeuille

کریڈٹ کارڈ

carte de crédit

تھیلا

sac

پلاسٹک کے تھیلے

sac en plastique

مشروبات

boissons

پانی

eau

جوس، رس

jus de fruit

دودھ

lait

کوک

coca

وائن

vin

بیئر

bière

الکوحل

alcool

کوکوآ

chocolat chaud

چائے

thé

کافی

café

ایسپریسو

expresso

کیپاچینو

cappuccino

کھانےکی اشیاء

alimentation

کیلا

banane

سیب

pomme

مالٹا

orange

خربوزہ

melon

لیموں

citron

گاجر

carotte

لہسن

ail

بانس

bambou

پیاز

oignon

کھُمبی

champignon

اخروٹ، بادام وغیرہ

noisettes

نوڈلز

pâtes

اسپیگیٹی

spaghetti

چاول

riz

سلاد

salade

چپس

pommes frites

تلے گئے آلو

pommes de terre rôties

پیزا

pizza

ہیم برگر

hamburger

سینڈوچ

sandwich

کٹلیٹ

escalope

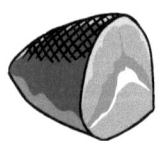

سؤرکی ران کا گوشت

jambon

گوشت کی اطالوی ساسیج

salami

ساسیج

saucisse

مُرغی

poulet

روسٹ

rôti

مچھلی

poisson

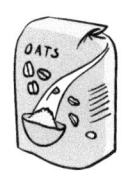

جئی کا دلیہ

....

flocons d'avoine

میوزلی

....

muesli

کارن فلیکس

....

cornflakes

آٹا

....

farine

کروئیسنٹ

....

croissant

بریڈ رول

....

petits-pains

بریڈ

....

pain

ٹوسٹ

....

pain grillé

بسکٹ

....

biscuits

مکھن

....

beurre

دہی

....

le fromage blanc

کیک

....

gâteau

انڈا

....

œuf

فرائی کیا گیا انڈہ

....

œuf au plat

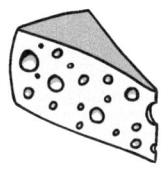

پنیر

....

fromage

آئس کریم

glace

چینی

sucre

شہد

miel

جام

confiture

ناؤگٹ کریم

crème nougat

سالن

curry

کھیت

ferme

کھلیان
grange
تنکوں کی گانٹھ
botte de paille
کھیت
champ
گھوڑا
cheval
ٹریلر
remorque
ٹریکٹر
tracteur
گھوڑے کا بچہ
poulain
گدھا
âne
بھیڑ
mouton
میمنہ
agneau

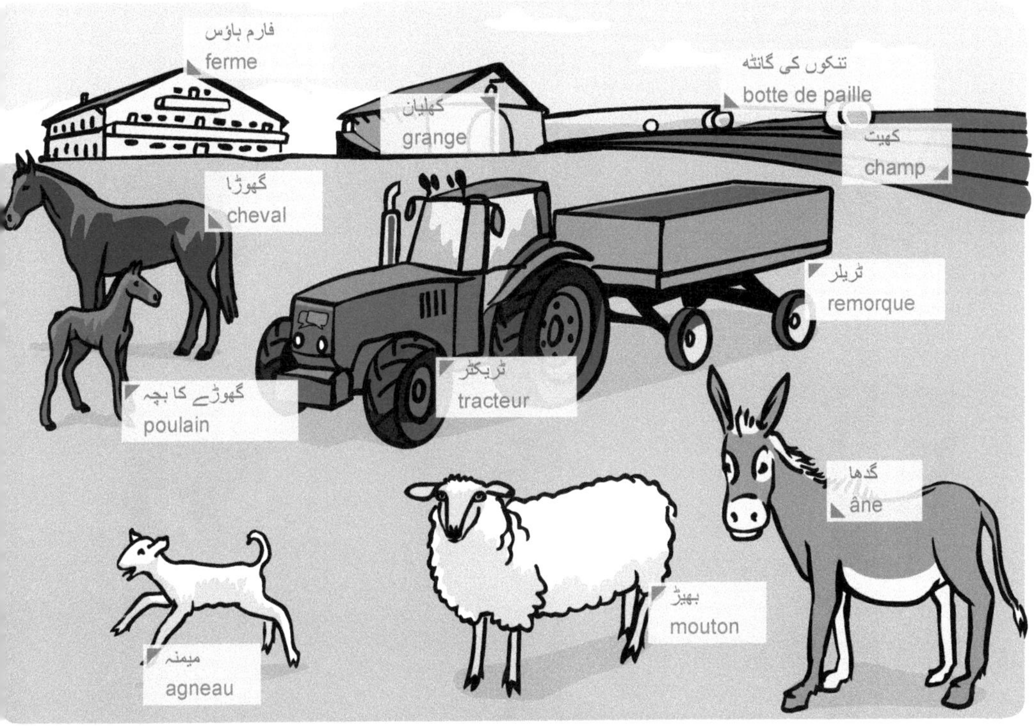

بکری

chèvre

گائے

vache

بچھڑا

veau

سؤر

porc

سؤرکابچہ

porcelet

سانڈ

taureau

راج ہنس

oie

بطخ

canard

چوزہ

poussin

مُرغی

poule

مُرغا

coq

چوہا

rat

بلی

chat

چوہا

souris

بیلچہ

bœuf

کُتا

chien

کُتے کا گھر

chenil

گارڈن ہاؤس

tuyau de jardin

پانی کا کین

arrosoir

درانتی

faucheuse

ہل

charrue

درانتی

faucille

بیلچہ

pioche

ترنگل

fourche

کلہاڑا

hache

ہتھ گاڑی

brouette

حوض

cuve

دودھ کا کین

pot à lait

تھیلا

sac

باڑ

clôture

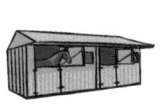

اصطبل

étable

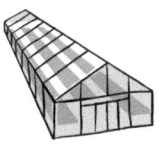

گرین ہاؤس

serre

مٹی

sol

بیج

semences

فرٹیلائیزر

engrais

کمبائن ہارویسٹر

moissonneuse-batteuse

فصل کاٹنا
récolter

فصل کاٹنا
récolte

افریقی آلو
igname

گندم
blé

سویا
soja

آلو
pomme de terre

مکئی
maïs

توریا کا تیل
colza

پھلداردرخت
arbre fruitier

کساوا
manioc

دلیہ
céréales

مکان

maison

چمنی
cheminée
چھت
toit
نیچے جانے والا پائپ
gouttière
کھڑکی
fenêtre
گیراج
garage
دروازے کی گھنٹی
sonnette
دروازہ
porte
کوڑے کی ٹوکری
poubelle
لیٹرباکس
boîte aux lettres
گارڈن
jardin

لوونگ روم

salon

غسل خانہ

salle de bain

باورچی خانہ

cuisine

بیڈروم

chambre à coucher

بچوں کا کمرہ

chambre d'enfant

کھانے کا کمرہ

salle à manger

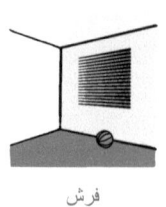

فرش

sol

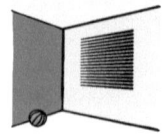

دیوار

mur

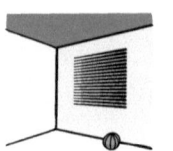

چھت

plafond

تہ خانہ

cave

سوانا

sauna

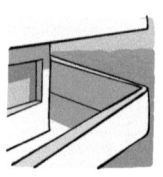

بالکونی

balcon

ٹیریس

terrasse

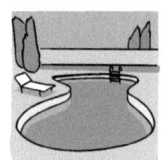

پول

piscine

گھاس کاٹنے کی مشین

tondeuse à gazon

چادر

housse

چادر

couette

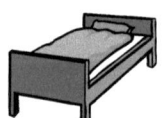

بستر

lit

جھاڑو

balai

بالٹی

sceau

سوئچ

interrupteur

لوونگ روم

salon

وال پیپر
papier peint
تصویر
image
لیمپ
lampe
شیلف
étagère
الماری
armoire
ٹیلی ویژن
télé
آتش دان
cheminée
پھول
fleur
کُشن
coussin
صوفہ
sofa
گلدان
vase
ریموٹ کنٹرول
télécommande

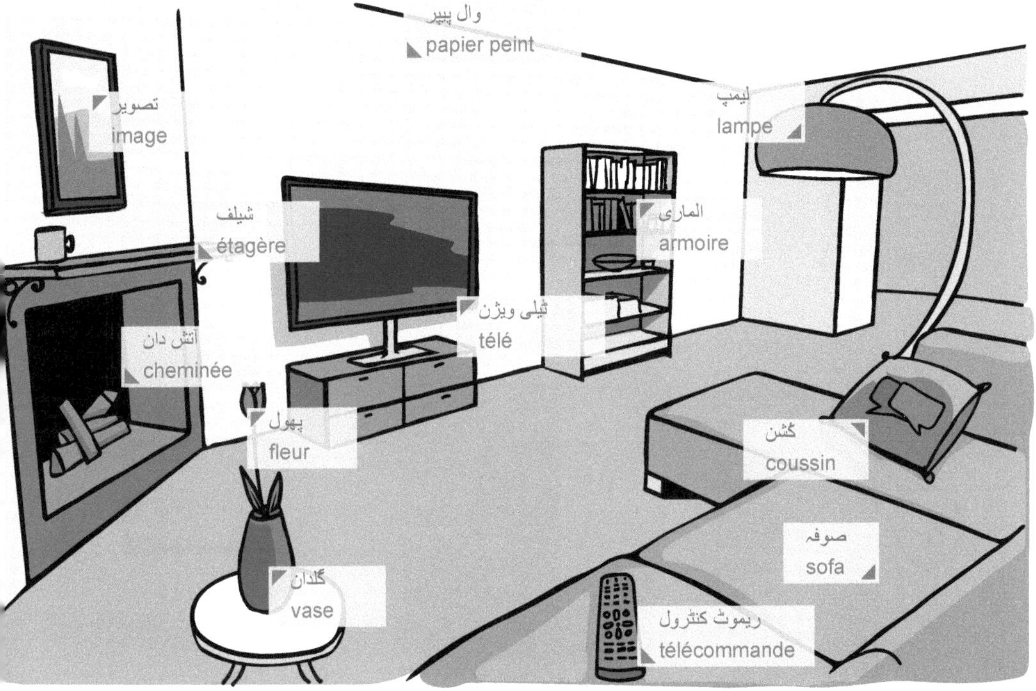

قالین

tapis

پردے

rideau

میز

table

کُرسی

chaise

ہلنے والی کُرسی

chaise à bascule

آرام کُرسی

fauteuil

كتاب

livre

كمبل

couverture

آرائش

décoration

جلانے کی لکڑی

bois de chauffage

فلم

film

ہائی فائی

chaîne hi-fi

چابی

clé

اخبار

journal

پینٹنگ

peinture

پوسٹر

poster

ریڈیو

radio

نوٹ بُک

bloc-notes

ویکیوم کلینر

aspirateur

کیکٹس

cactus

موم بتی

bougie

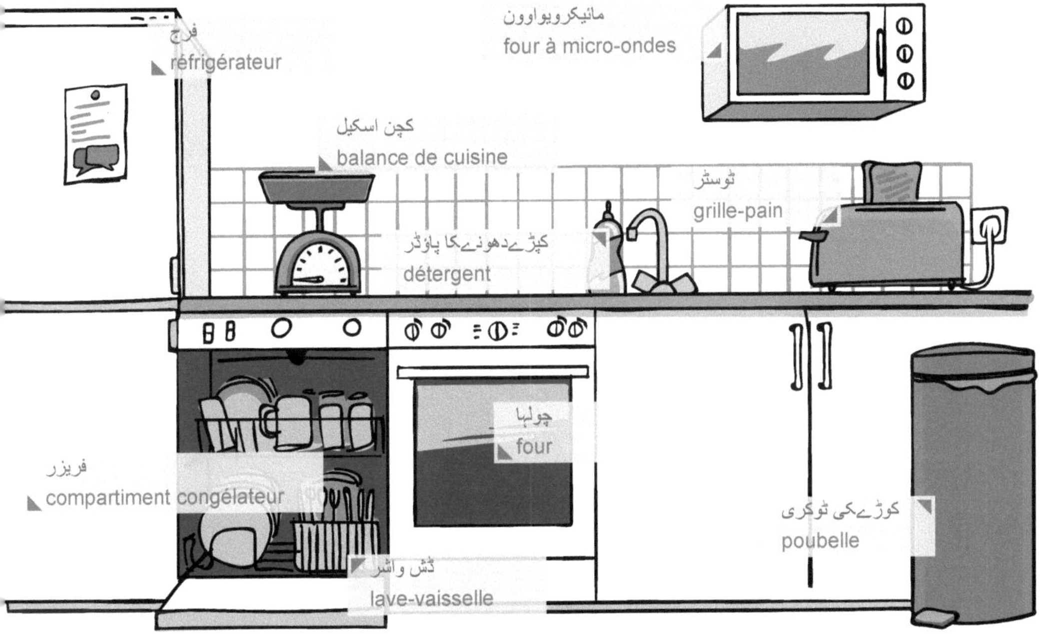

باورچی خانہ
cuisine

فرج
réfrigérateur
مائیکروویواوون
four à micro-ondes
کچن اسکیل
balance de cuisine
ٹوسٹر
grille-pain
کپڑےدھونےکا پاؤڈر
détergent
چولہا
four
فریزر
compartiment congélateur
کوڑےکی ٹوکری
poubelle
ڈش واشر
lave-vaisselle

ککر

four

برتن

casserole

لوہےکا برتن

marmite

کڑاہی

wok / kadai

برتن

poêle

کیتلی

bouilloire electrique

استیمر

cuiseur vapeur

بیکنگ ٹرے

plaque de cuisson

کراکری

vaisselle

مگ

gobelet

پیالہ

coupe

چاپ اسٹکس

baguettes

ڈوئی

louche

کفچہ

spatule

جھاڑودینا

fouet

مقطر

passoire

چھلنی

tamis

گریٹر

râpe

کونڈی

mortier

باربی کیو

barbecue

کھُلی آگ

cheminée

چاپنگ بورڈ

planche à découper

بيلن

rouleau à pâtisserie

كارک اسکريو

tire-bouchon

کين

boîte

کين اوپنر

ouvre-boîte

برتن پکڑنےوالا کپڑا

maniques

سنک

lavabo

برش

brosse

اسپونج

éponge

بلينڈر

mixeur

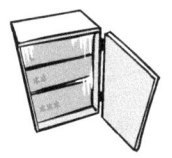

ڈيپ فريز

congélateur

بچےکی بوتل

biberon

ٹونٹی

robinet

غُسل خانہ

salle de bain

chauffage
تولیہ
serviette
شاور
douche
شاورکرٹن
rideau de douche
ببل باتھ
bain moussant
باتھ ٹب
baignoire
واشنگ مشین
machine à laver
carrelage
پاٹی
pot
ٹونٹی
robinet
شیشہ
verre
سنک
lavabo

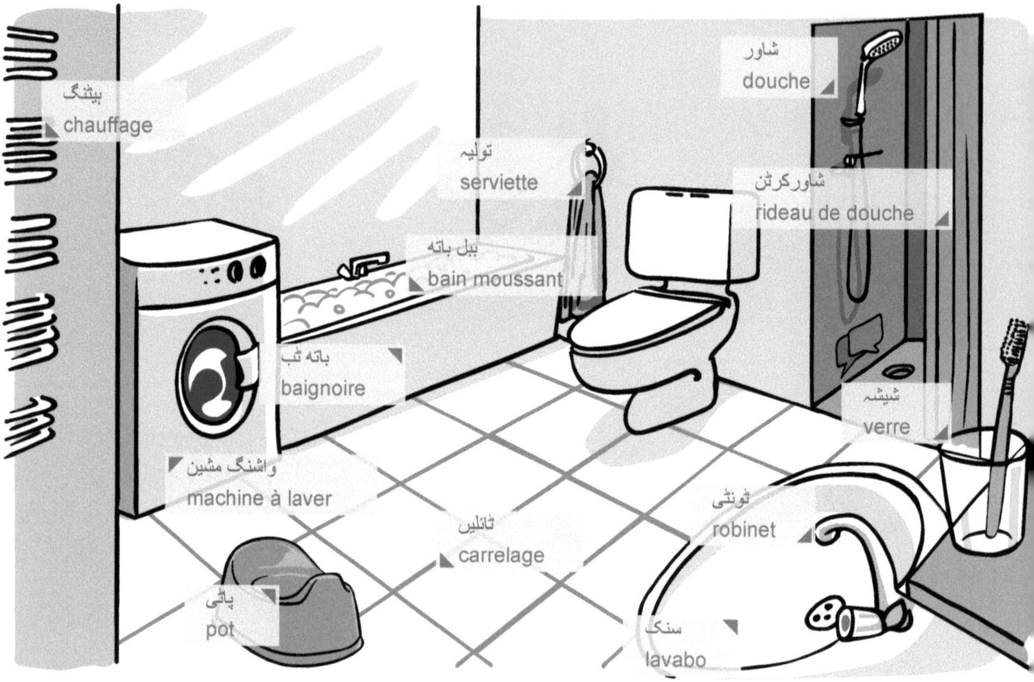

ٹائلٹ

toilettes

دوزانوں بیٹھنےوالی ٹائلٹ

toilette à la turque

نچلاحصہ دھونےکیلئےپاٹ

bidet

پیشاب گاہ

urinoir

ٹائلٹ پیپر

papier toilette

ٹائلٹ برش

brosse à toilette

ٹوتھ برش
....
brosse à dents

ٹوتھ پیسٹ
....
dentifrice

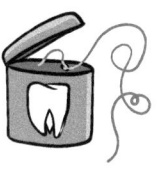

ڈینٹل فلاس
....
fil dentaire

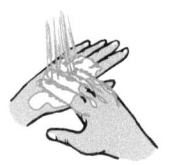

دھونا
....
laver

ہینڈ شاور
....
douche manuelle

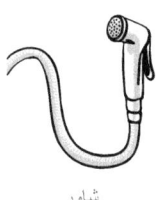

شاور
....
douche intime

بیسن
....
vasque

بیک برش
....
brosse dorsale

صابن
....
savon

شاورجل
....
gel douche

شیمپو
....
shampooing

فلالین
....
gant de toilette

ڈرین
....
écoulement

کریم
....
crème

ڈیوڈورنٹ
....
déodorant

آئینہ

miroir

ہاتھ میں پکڑا جانے والا آئینہ

miroir cosmétique

ریزر

rasoir

شیونگ فوم

mousse à raser

آفٹرشیو

après-rasage

کنگھی

peigne

برش

brosse

ہیئرڈرائر

sèche-cheveux

ہیئراسپرے

laque pour cheveux

میک اپ

fond de teint

لپ اسٹک

rouge à lèvres

نیل وارنش

vernis à ongles

روئی

ouate

ناخن کاٹنے کی قینچی

coupe-ongles

پرفیوم

parfum

واش بیگ
trousse de toilette

پاخانہ
tabouret

وزن کرنے کی مشین
pèse-personne

باتھ روب
peignoir

ربڑ کے دستانے
gants de nettoyage

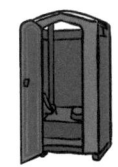

ٹیمپون
tampon

سینیٹری ٹاول
serviettes hygiéniques

كیمیکل ٹائلٹ
toilette chimique

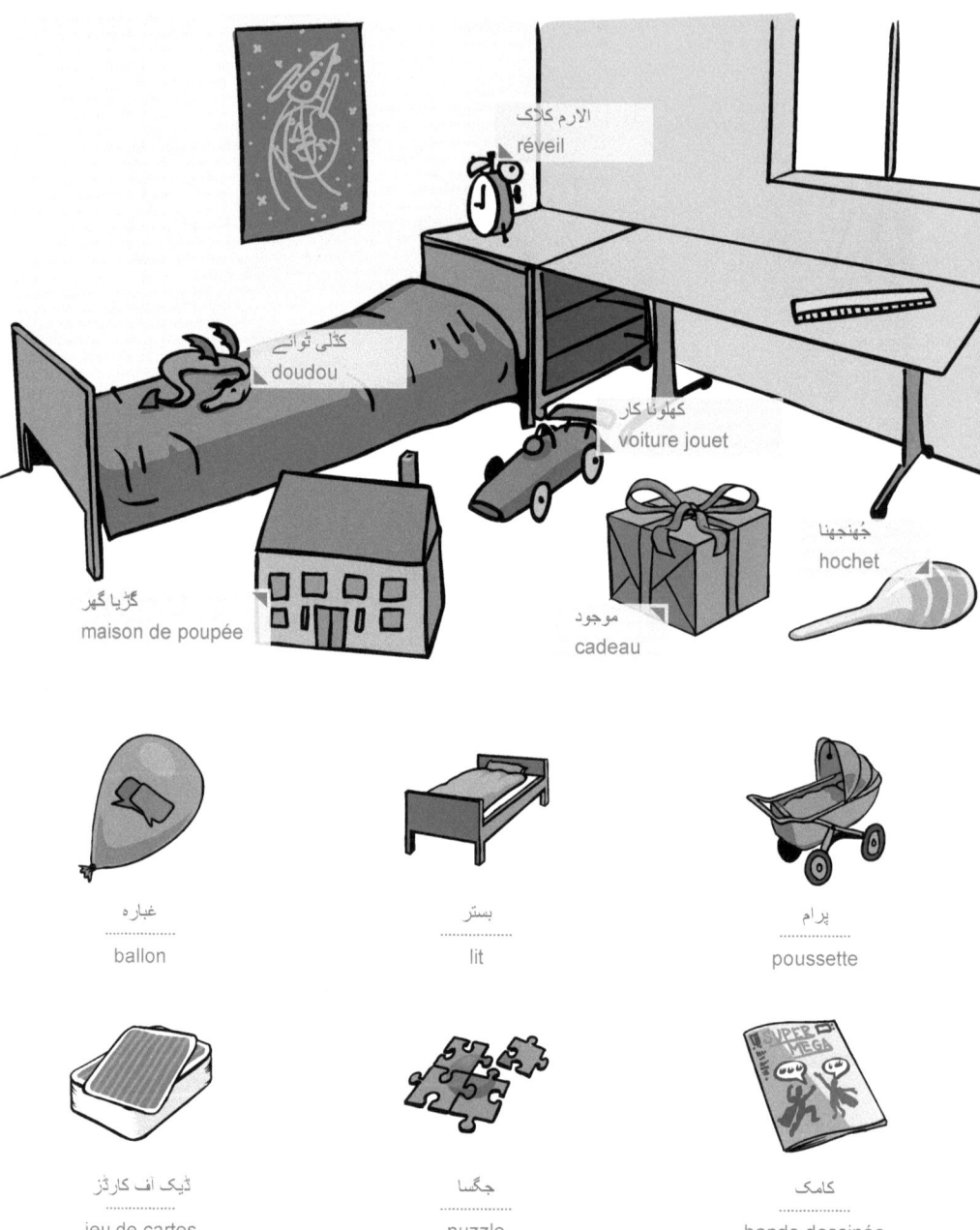

بچوں کا کمرہ

chambre d'enfant

الارم کلاک
réveil
کڈلی ٹوائے
doudou
کھلونا کار
voiture jouet
جُھنجھنا
hochet
گڑیا گھر
maison de poupée
موجود
cadeau

غبارہ

ballon

بستر

lit

پرام

poussette

ڈیک آف کارڈز

jeu de cartes

جگسا

puzzle

کامک

bande dessinée

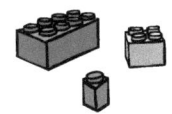

لیگوبرکس

pièces lego

کھلونا بلاکس

blocs de construction

ایکشن فگر

figurine

بچےکا لباس

grenouillère

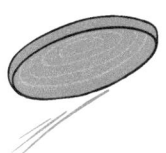

فرسبی

frisbee

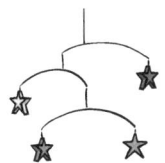

کھلونا موبائل

mobile

بورڈ گیم

jeu de société

ڈائس

dé

ماڈل ٹرین سیٹ

train miniature

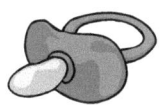

ڈمی

sucette

پارٹی

fête

تصاویروالی کتاب

livre d'images

گیند

balle

گڑیا

poupée

کھیلنا

jouer

سینڈ پٹ

bac à sable

جھولا جھولنا

balançoire

کھلونے

jouets

وڈیوگیم کنسول

console de jeu

تین پہیوں والی سائیکل

tricycle

ٹیڈی بیئر

ours en peluche

کپڑوں کی الماری

armoire

لباس

vêtements

موزے

chaussettes

اسٹاکنگز

bas

ٹائٹس

collant

اسکارف
écharpe

بیلٹ
ceinture

چھتری
parapluie

ٹی شرٹ
t-shirt

بوٹ
bottes

سلیپر
pantoufles

اسنیکرز
baskets

سینڈل
sandales

جوتے
chaussures

ربڑ کے بوٹس
bottes de caoutchouc

زیرجامہ
sous-vêtements

بریزنیر
soutien-gorge

واسکٹ
maillot de corps

جسم

body

پتلون

pantalon

جينز

jean

اسكرٹ

jupe

بلاؤز

chemisier

قميض

chemise

پُل اوور

pull

سويٹر

sweat à capuche

بليزر

veste

جيكٹ

veste

كوٹ

manteau

رين كوٹ

imperméable

كوئى خاص لباس

costume

لباس

robe

شادى كا لباس

robe de mariée

سوٹ

costume

نائٹ گاؤن

chemise de nuit

پائجامہ

pyjama

ساڑھی

sari

سرپرلیا جانےوالا اسکارف

foulard

پگڑی

turban

بُرقع

burqa

کفتان

caftan

عبایہ

abaya

تیراکی کا سوٹ

maillot de bain

ٹرنک

maillot de bain

نیکر

short

ٹریک سوٹ

tenue d'entraînement

اپرن

tablier

دستانے

gants

بٹن

bouton

عینک

lunettes

کنگن

bracelet

ہار

collier

انگوٹھی

bague

کانوں کی بالیاں

boucle d'oreille

ٹوپی

bonnet

کوٹ ہینگر

cintre

ہیٹ

chapeau

ٹائی

cravate

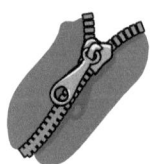

زپ

fermeture éclair

ہیلمٹ

casque

بریسز

bretelles

سکول یونیفارم

uniforme scolaire

وردی

uniforme

بب
bavoir

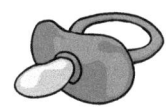

ڈمی
sucette

نیپی
lange

دفتر

bureau

سرور
serveur

فائلوں کی الماری
armoire d'archivage

پرنٹر
imprimante

مانیٹر
écran

کاغذ
papier

میز
bureau

ماؤس
souris

فولڈر
classeur

کی بورڈ
clavier

کرسی
chaise

ویسٹ پیپرباسکٹ
corbeille à papier

کمپیوٹر
ordinateur

کافی مگ
tasse de café

کیلکولیٹر
calculatrice

انٹرنیٹ
internet

لیپ ٹاپ

ordinateur portable

خط

lettre

پیغام

message

موبائل

portable

نیٹ ورک

réseau

فوٹوکاپئیر

photocopieuse

سافٹ ویئر

logiciel

ٹیلی فون

téléphone

پلگ ساکٹ

prise

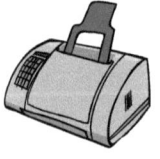

فیکس مشین

fax

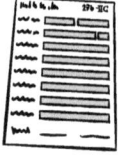

فارم

formulaire

دستاویز

document

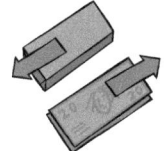

خریدنا

acheter

ادائیگی کرنا

payer

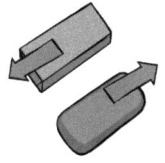

تجارت کرنا

faire du commerce

رقم

monnaie

ڈالر

dollar

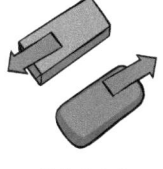

یورو

euro

ین

yen

روبل

rouble

سوئس فرانک

franc suisse

رینمنیبی یوآن

renminbi yuan

روپیہ

roupie

کیش پوائنٹ

distributeur automatique

رقم تبدیل کرانےکیلئےدفتر

....

bureau de change

سونا

....

or

چاندی

....

argent

خام تیل

....

pétrole

توانائی

....

énergie

قیمت

....

prix

معاہدہ

....

contrat

ٹیکس

....

taxe

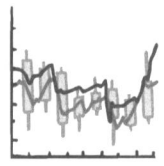

اسٹاک

....

action

کام کرنا

....

travailler

ملازم

....

employé

آجر

....

employeur

فیکٹری

....

usine

دکان

....

magasin

پیشے

professions

پولیس افسر
agent de police

فائرمین
pompier

خانساماں، کُک
cuisinier

ڈاکٹر
médecin

پائلٹ
pilote

مالی
jardinier

ترکھان
menuisier

درزن
couturière

جج
juge

کیمسٹ
chimiste

اداکار
acteur

بس ڈرائیور

conducteur de bus

ٹیکسی ڈرائیور

chauffeur de taxi

مچھیرا

pêcheur

صفائی کرنےوالی عورت

femme de ménage

چھت بنانےوالا

couvreur

ویٹر

serveur

شکاری

chasseur

پینٹر

peintre

بیکر

boulanger

الیکٹریشین

électricien

بلڈر

ouvrier

انجینئیر

ingénieur

قصائی

boucher

پلمبر

plombier

ڈاکیا

facteur

سپاہی

soldat

آرکیٹیکٹ

architecte

کیشئیر

caissier

پھول بیچنے والا

fleuriste

نائی

coiffeur

کنڈکٹر

contrôleur

مکینک

mécanicien

کپتان

capitaine

ڈینٹسٹ

dentiste

سائنسدان

scientifique

یہودی، عالم

rabbin

امام

imam

راہب

moine

پادری

prêtre

اوزار
outils

بتھوڑا
marteau
پلائرز
pinces
پیچ کس
tournevis
رینچ
clé
ٹارچ
torche

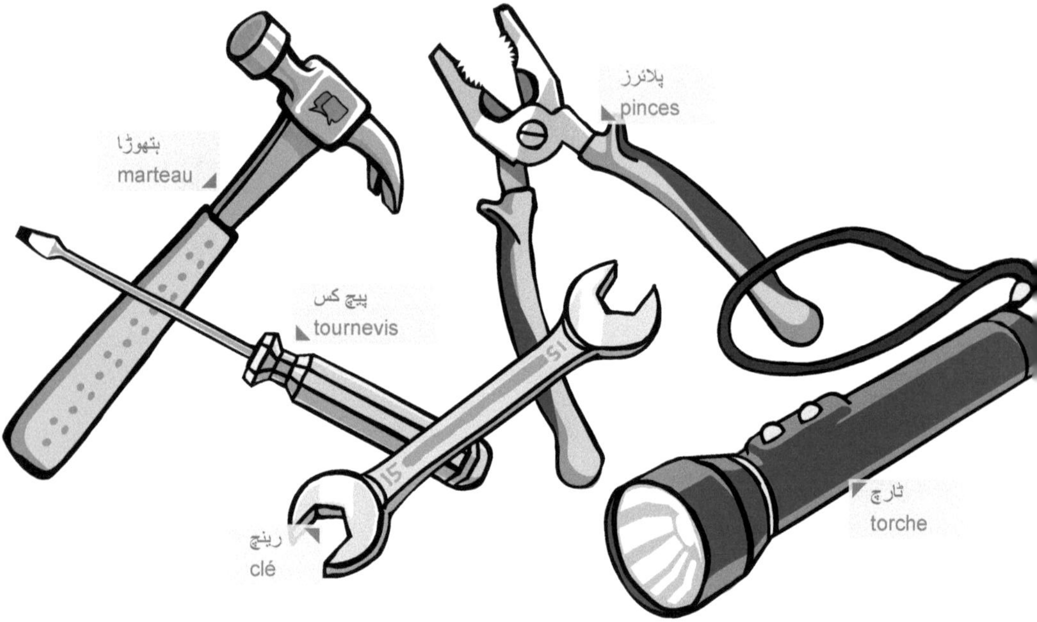

ایکسکویٹر

pelleteuse

ٹول باکس

boîte à outils

سیڑھی

échelle

آری

scie

کیل

clous

ڈرل

perceuse

مرمت کرنا
....
réparer

بیلچہ
....
pelle

لعنت ہو!
....
Mince !

ڈسٹ بین
....
pelle

پینٹ پاٹ
....
pot de peinture

پیچ
....
vis

آلات موسیقی
instruments de musique

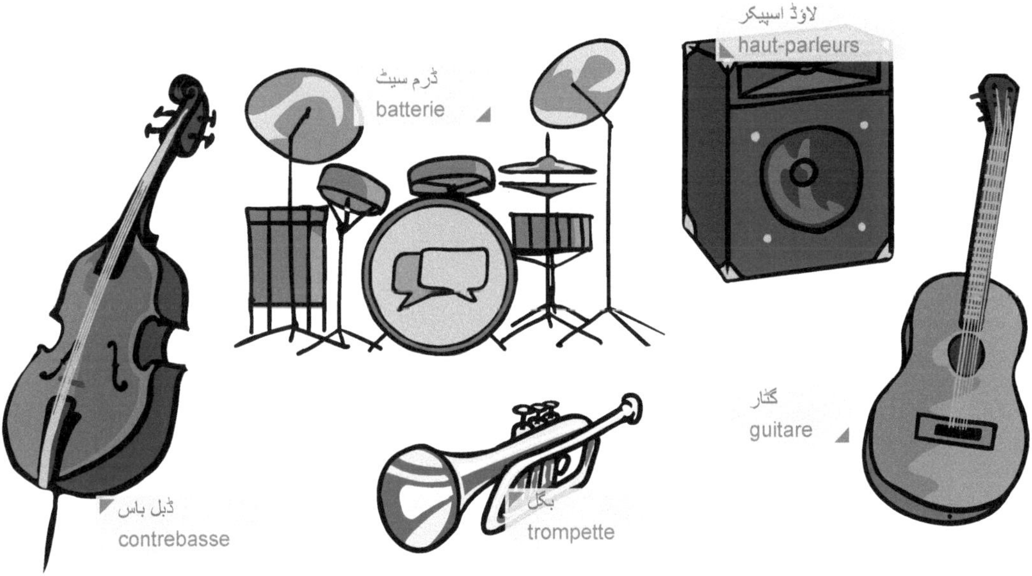

لاؤڈ اسپیکر
haut-parleurs
ڈرم سیٹ
batterie
گٹار
guitare
ڈبل باس
contrebasse
بگل
trompette

پیانو

piano

وائلن

violon

موسیقی کی آواز

basse

ٹمپانی

timbales

ڈھول، ڈرمز

tambour

کی بورڈ

piano électrique

سیکسوفون

saxophone

بانسری

flûte

مائیکروفون

microphone

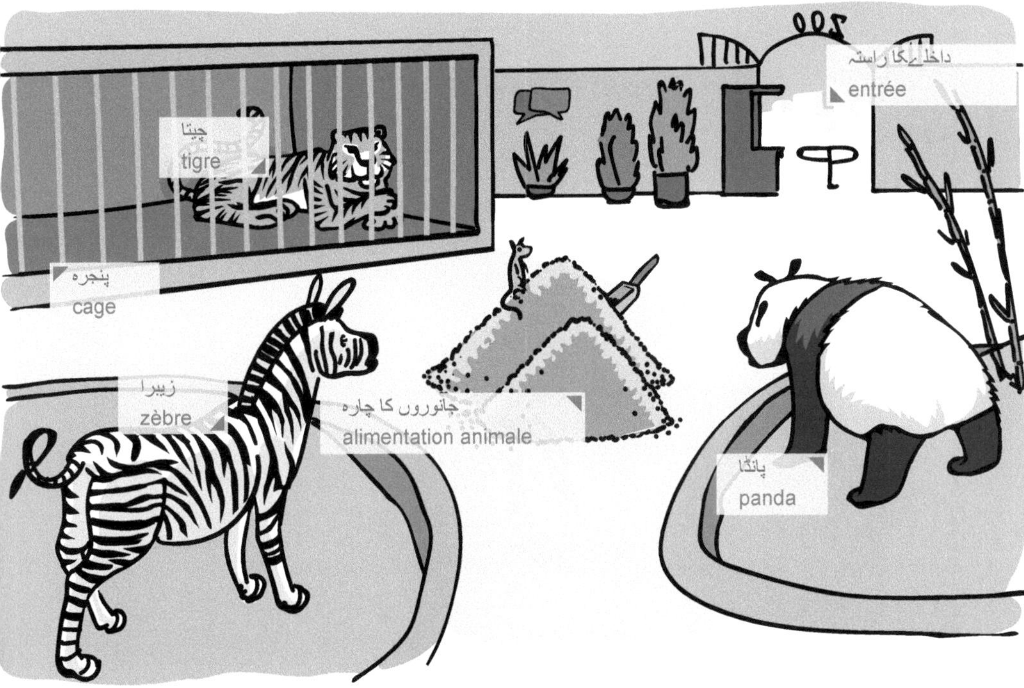

چیتا
tigre

داخلے کا راستہ
entrée

پنجرہ
cage

زیبرا
zèbre

جانوروں کا چارہ
alimentation animale

پانڈا
panda

جانور
animaux

ہاتھی
éléphant

کینگرو
kangourou

گینڈا
rhinocéros

گوریلا
gorille

ریچھ
ours

اونٹ

chameau

شُترمُرغ

autruche

شیر

lion

بندر

singe

فلیمنگو

flamand rose

طوطا

perroquet

قطبی ریچھ

ours polaire

کبوتر

pingouin

شارک

requin

مور

paon

سانپ

serpent

مگرمچھ

crocodile

چڑیا گھر کا محافظ

gardien de zoo

سیل

phoque

امریکی تیندوا

jaguar

ٹٹو

poney

چیتا

léopard

دریائی گھوڑا

hippopotame

زرافہ

girafe

عقاب

aigle

سؤر

sanglier

مچھلی

poisson

کچھوا

tortue

سمندری گھوڑا

morse

لومڑی

renard

غزال ہرن

gazelle

کھیلیں

sports

امریکن فٹ بال
american Football
سائیکلنگ
cyclisme
ٹینس
tennis
باسکٹ بال
basket-ball
پیراکی
natation
باکسنگ
boxe
آئس ہاکی
hockey sur glace

فٹ بال

football

بیڈمنٹن

badminton

اتھلیٹکس

athlétisme

ہینڈ بال

handball

اسکیئنگ

ski

پولو

polo

سرگرمیاں
activités

ہنسنا
rire
چھلانگ لگا
sauter
گلے لگانا
embrasser
چلنا
marcher
گانا
chanter
خواب دیکھنا
rêver
دُعا کرنا
prier
چُومنا
faire la bise

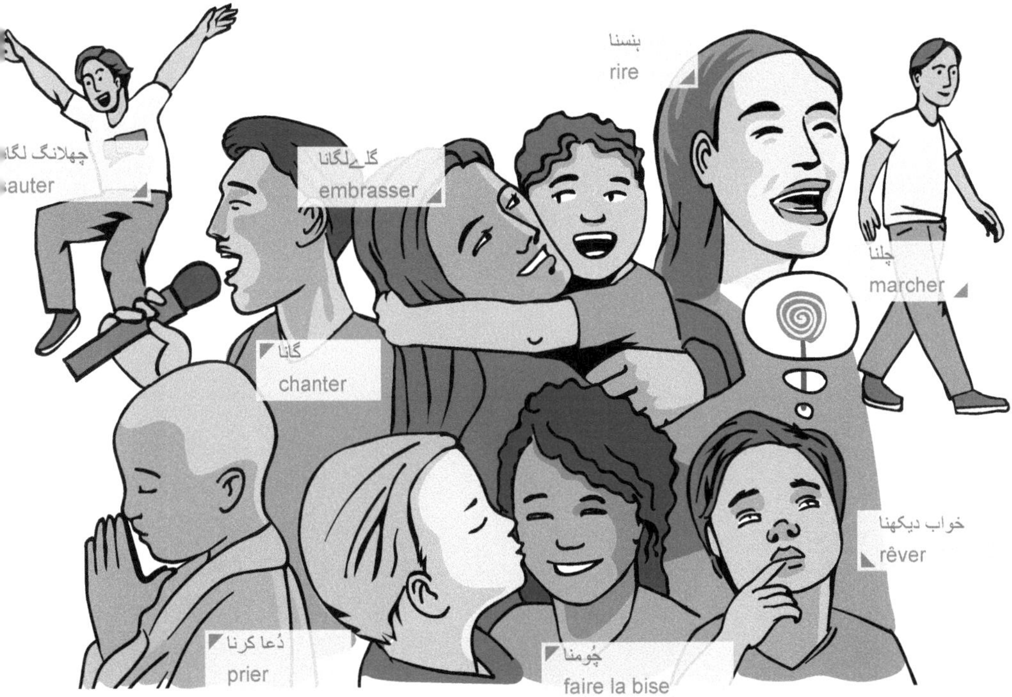

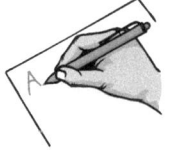

لکھنا
....
écrire

تصویرکشی کرنا
....
dessiner

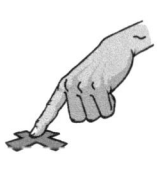

دکھانا
....
montrer

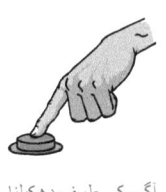

آگےکی طرف دھکیلنا
....
pousser

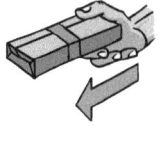

دینا
....
donner

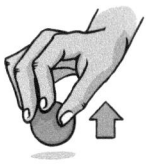

لینا
....
prendre

ركھنا

avoir

كرنا

faire

ہونا

être

كھڑا ہونا

être debout

دوڑنا

courir

كھینچنا

trier

پھینكنا

jeter

گرنا

tomber

جھوٹ بولنا

être couché

انتظاركرنا

attendre

اُٹھانا

porter

بیٹھنا

être assis

ملبوس ہونا

s'habiller

سونا

dormir

جاگنا

se réveiller

دیکھنا

regarder

رونا

pleurer

چوٹ لگانا

caresser

کنگھی کرنا

peigner

بات کرنا

parler

سمجھنا

comprendre

پوچھنا

demander

مُتوجہ ہونا

écouter

پینا

boire

کھانا

manger

صاف کرنا

ranger

پیارکرنا

aimer

پکانا

cuire

گاڑی چلانا

conduire

اُڑنا

voler

بحری سفرکرنا

faire de la voile

شمارکریں

calculer

پڑھنا

lire

سیکھنا

apprendre

کام کرنا

travailler

شادی کرنا

se marier

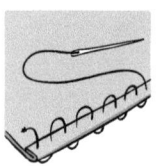

سینا

coudre

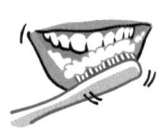

دانت صاف کرنا

brosser les dents

جان سے ماردینا

tuer

تمباکونوشی کرنا

fumer

بھیجنا

envoyer

خاندان

famille

دادی
grand-mère
دادا
grand-père
باپ
père
mère
طفل
bébé
بیٹی
fille
بیٹا
fils

مہمان

hôte

چچی

tante

چچا

oncle

بھائی

frère

بہن

sœur

جسم

corps

front
œil
épaule
انگلی
doigt
چہرہ
visage
ٹھوڑی
menton
main
ٹانگ
jambe
چھاتی
poitrine
بازو
bras

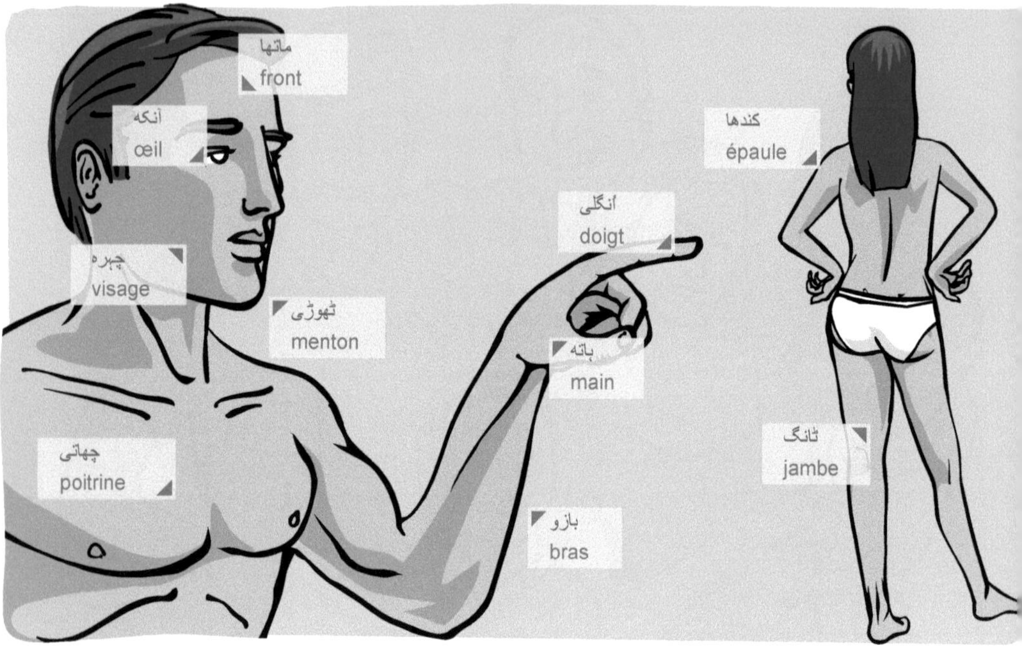

طفل

bébé

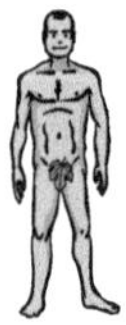

آدمی

homme

عورت

femme

لڑکی

fille

لڑکا

garçon

سر

tête

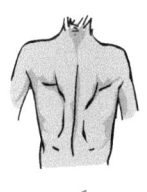

کمر

dos

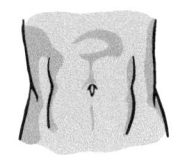

پیٹ

ventre

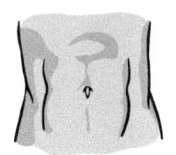

ناف

nombril

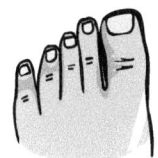

پاؤں کا انگوٹھا

orteil

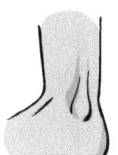

ایڑھی

talon

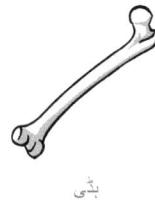

ہڈی

os

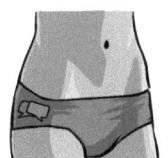

کولہا

hanche

گھٹنا

genou

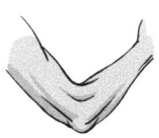

کہنی

coude

ناک

nez

نچلا حصہ

fesses

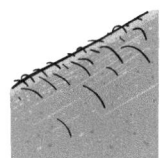

جلد

peau

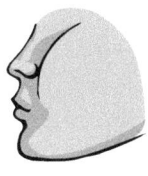

گال

joue

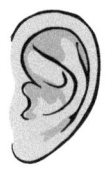

کار

oreille

ہونٹ

lèvre

مُنہ

bouche

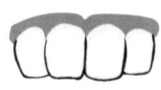

دانت

dent

زُبان

langue

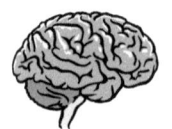

دماغ

cerveau

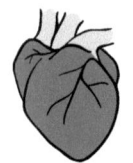

دل

cœur

پٹھہ

muscle

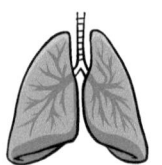

پھیپھڑا

poumons

جگر

foie

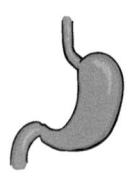

معدہ

estomac

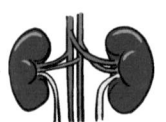

گردے

reins

جنس

rapport sexuel

کنڈوم

préservatif

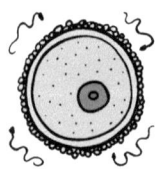

بیضہ

ovule

مادہ منویہ

sperme

حمل

grossesse

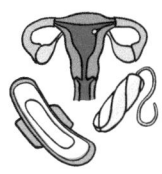

حیض

menstruation

اندام نهانی

vagin

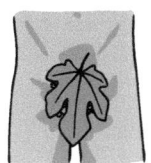

عضوتناسل

pénis

بهنوین

sourcil

بال

cheveux

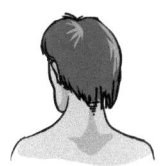

گردن

cou

ہسپتال
hôpital

ایمبولینس
ambulance
fauteuil roulant
ہڈی ٹوٹنا
fracture

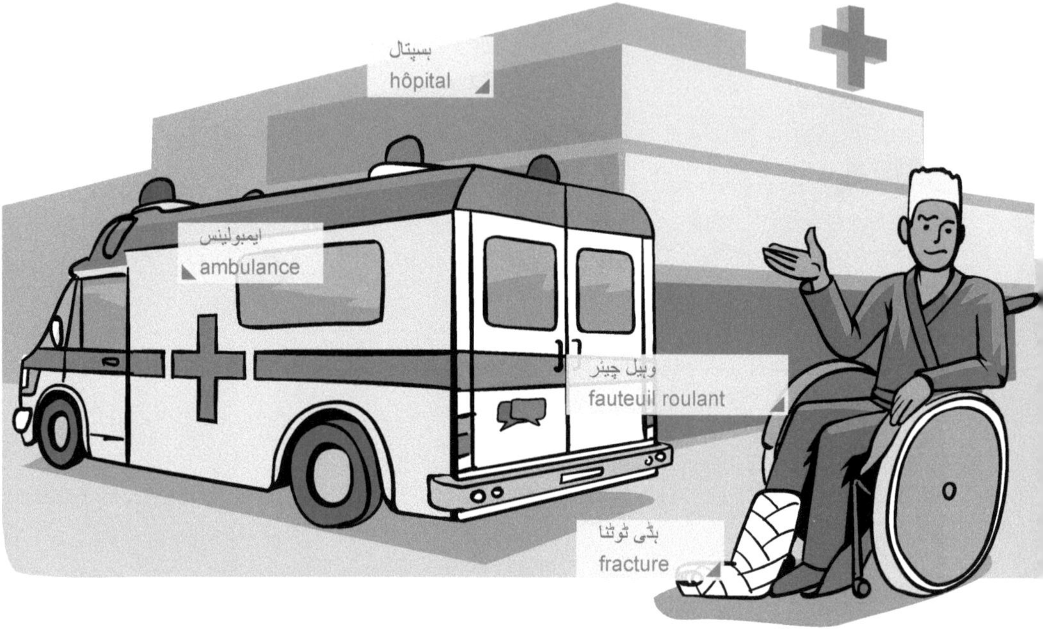

ڈاکٹر
....
médecin

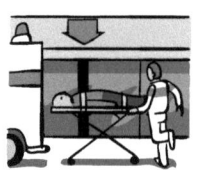

ہنگامی کمرہ
....
service des urgences

نرس
....
infirmière

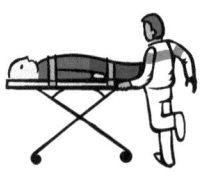

ہنگامی صورتحال
....
urgence

بےہوش
....
inconscient

درد
....
douleur

زخم

blessure

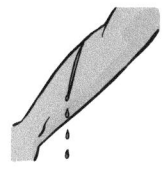

خون بہنا

hémorragie

دل کا دورہ

crise cardiaque

فالج

attaque cérébrale

الرجی

allergie

کھانسی

toux

بخار

fièvre

زکام

grippe

اسہال

diarrhée

سردرد

mal de tête

کینسر

cancer

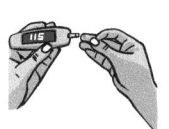

ذیابیطس

diabète

سرجن

chirurgien

نشتر

scalpel

آپریشن

opération

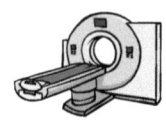

سی ٹی

CT

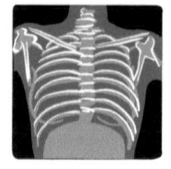

ایکس رے

radiographie

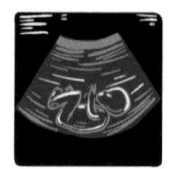

الٹراساؤنڈ

échographie

چہرے کا نقاب

masque

بیماری

maladie

انتظارگاہ

salle d'attente

بیساکھی

béquille

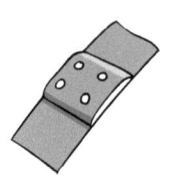

پلاسٹر

pansement

پٹی

pansement

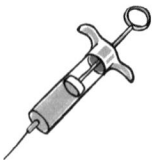

انجکشن

injection

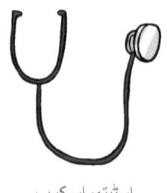

اسٹیتھواسکوپ

stéthoscope

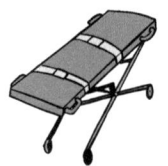

اسٹریچر

brancard

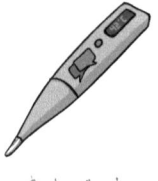

مطبی تھرما میٹر

thermomètre

پیدائش

accouchement

حد سےزیادہ وزن

surcharge pondérale

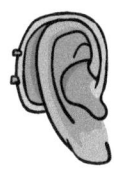

آلہ سماعت

appareil auditif

جراثیم کش

désinfectant

انفیکشن

infection

وائرس

virus

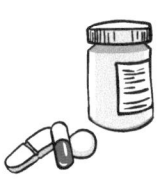

ایچ آئی وی/ ایڈز

VIH / sida

دوا

médicament

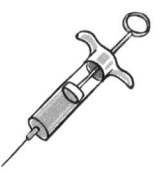

ویکسی نیشن

vaccination

گولیاں

comprimés

گولی

pilule

ہنگامی کال

appel d'urgence

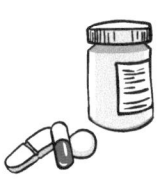

بلڈ پریشر مانیٹر

tensiomètre

بیمار/ صحتمند

malade / sain

ہنگامی صورتحال
urgence

مدد!

Au secours !

الارم

alarme

مُجرمانہ حملہ

assaut

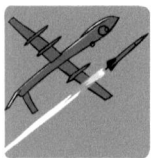

حملہ

attaque

خطرہ

danger

ہنگامی راستہ

sortie de secours

آگ!

Au feu!

آگ بُجھانےوالہ آلہ

extincteur

حادثہ

accident

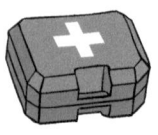

ابتدائی طبی امداد کی کٹ

trousse de premier secours

ایس او ایس

SOS

پولیس

police

یورپ
....
Europe

شمالی امریکہ
....
Amérique du Nord

جنوبی امریکہ
....
Amérique du Sud

افریقہ
....
Afrique

ایشیا
....
Asie

آسٹریلیا
....
Australie

بحراوقیانوس
....
Océan atlantique

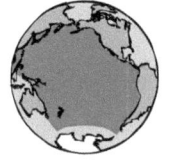

بحرالکاہل
....
Océan pacifique

بحرہند
....
Océan indien

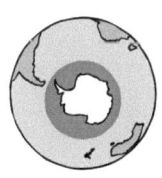

بحرقُطب جنوبی
....
Océan antarctique

بحرقُطب شمالی
....
Océan arctique

قُطب شمالی
....
pôle nord

قُطب جنوبی
....
pôle sud

انتارکتیکا
....
Antarctique

زمین
....
terre

زمین
....
pays

سمندر
....
mer

جزیره
....
île

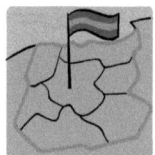

قوم
....
nation

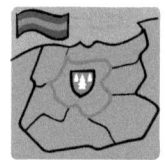

ریاست
....
état

کلاک

...heure(s)

کلاک کا سامنےکا حصہ

cadran

گھنٹوں والی سوئی

aiguille des heures

منٹوں والی سوئی

aiguille des minutes

سیکنڈ ہینڈ

aiguille des secondes

کیا وقت ہوا ہے؟

Quelle heure est-il ?

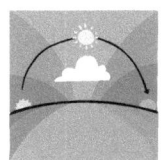

دن

jour

وقت

temps

اب

maintenant

ڈیجیٹل گھڑی

montre digitale

منٹ

minute

گھنٹہ

heure

ہفتہ

semaine

MO
TU
W
TH
FR
SA
SO
سوموار
lundi
منگلوار
mardi
mercredi
جمعرات
jeudi
جمعہ
vendredi
samedi
اتوار
dimanche

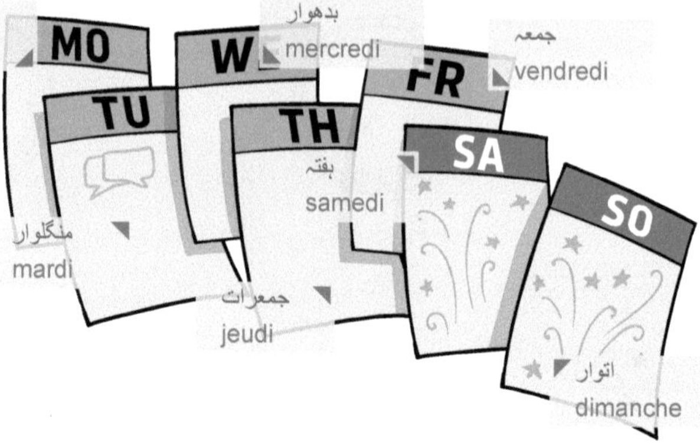

گزرا کل

hier

آج

aujourd'hui

کل

demain

صبح

matin

دوپہر

midi

شام

soir

کاروباری دن

jours ouvrables

ہفتے کا اختتام

week-end

سال
année

بارش
pluie
قوس قزح
arc-en-ciel
ہوا
vent
برف
neige
بہار
printemps
خزاں
automne
موسم گرما
été
موسم سرما
hiver

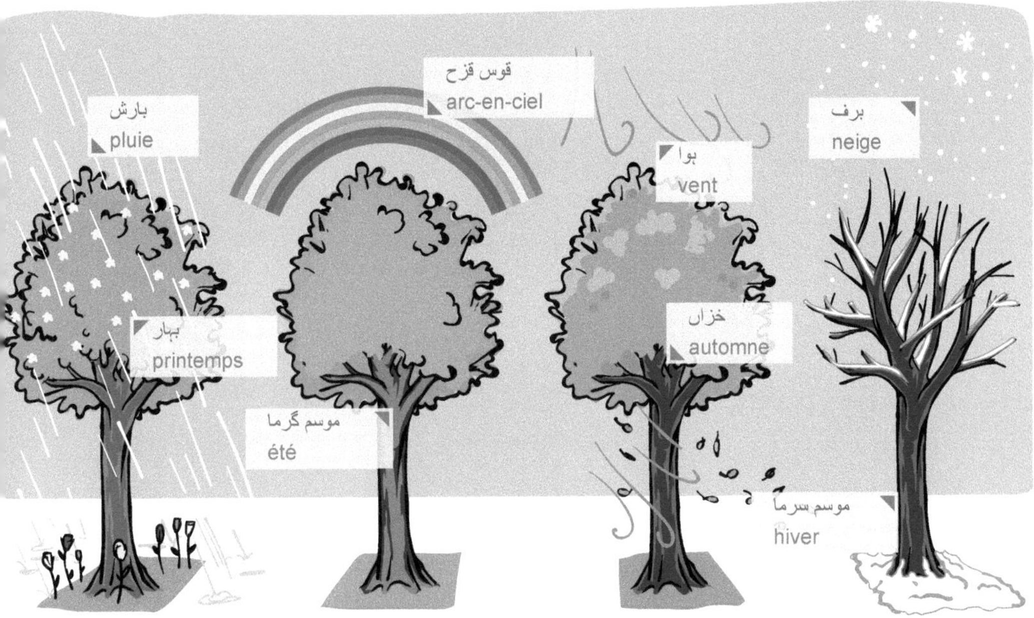

موسمی پیش گوئی
....
météo

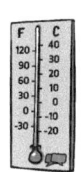

تھرما میٹر
....
thermomètre

دھوپ
....
lumière du soleil

بادل
....
nuage

دُھند
....
brouillard

حبس
....
humidité

بجلی کوندھنا

foudre

بادلوں کی گرج

tonnerre

طوفان

tempête

ژالہ باری

grêle

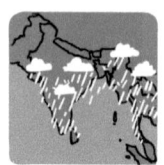

مون سون

mousson

سیلاب

inondation

برف

glace

جنوری

janvier

فروری

février

مارچ

mars

اپریل

avril

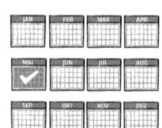

مئی

mai

جون

juin

جولائی

juillet

اگست

août

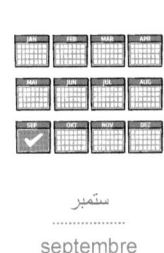

ستمبر

septembre

اكتوبر

octobre

نومبر

novembre

دسمبر

décembre

اشكال

formes

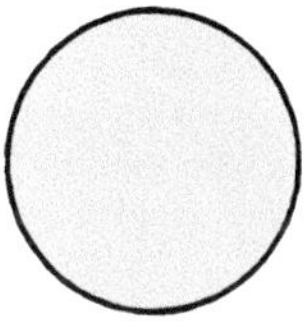

دائره

cercle

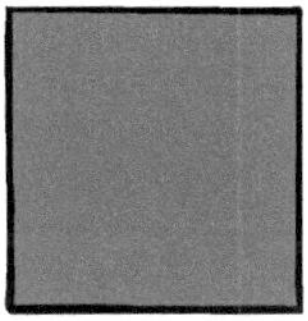

چوکور

carré

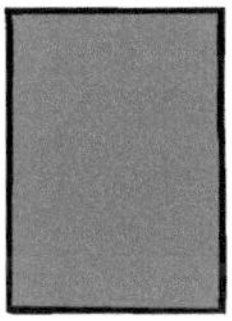

مُستطيل

rectangle

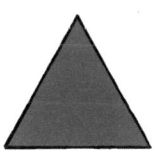

تكون

triangle

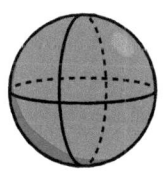

گره

sphère

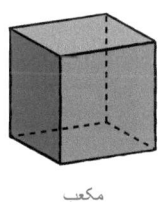

مكعب

cube

couleurs

سفید

blanc

پیلا

jaune

نارنجی

orange

گلابی

rose

سُرخ

rouge

جامنی

violet

نیلا

bleu

سبز

vert

بهورا

marron

مٹیالا

gris

سیاه

noir

مخالف

oppositions

بہت زیادہ / بہت کم

beaucoup / peu

ناراض / پُرسکون

fâché / calme

خوبصورت / بدصورت

joli / laid

آغاز / اختتام

début / fin

بڑا / چھوٹا

grand / petit

روشن / اندھیرا

clair / obscure

بھائی / بہن

frère / soeur

صاف / گندا

propre / sale

مکمل / نامکمل

complet / incomplet

دن / رات

jour / nuit

زندہ / مُردہ

mort / vivant

چوڑا / تنگ

large / étroit

کھانے کے قابل ہونا / کھانے کے قابل نہ ہونا

comestible / incomestible

بُرا / اچھا

méchant / gentil

پُرجوش / بوریت کا شکار

excité / ennuyé

موٹا / دُبلا

gros / mince

پہلا / آخری

premier / dernier

دوست / دُشمن

ami / ennemi

بھرا ہوا / خالی

plein / vide

سخت / نرم

dur / souple

بوجھل / ہلکا

lourd / léger

بھوک / پیاس

faim / soif

بیمار / صحتمند

malade / sain

غیرقانونی / قانونی

illégal / légal

عقلمند / بیوقوف

intelligent / stupide

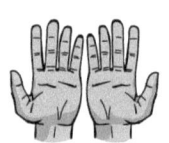

بائیں / دائیں

gauche / droite

نزدیک / دور

proche / loin

نیا / پُرانا

nouveau / usé

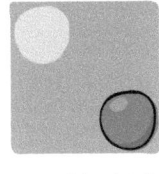

کچھ نہیں / کچھ ہے

rien / quelque chose

بوڑھا / نوجوان

vieux / jeune

آن / آف

marche / arrêt

کُھلا / بند

ouvert / fermé

خاموش / بُلند آواز

faible / fort

امیر / غریب

riche / pauvre

ٹھیک / غلط

correct / incorrect

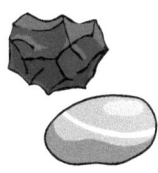

کھُردرا / ہموار

rugueux / lisse

افسردہ / خوش

triste / heureux

مُختصر / طویل

court / long

آہستہ / تیز

lent / rapide

گیلا / خُشک

mouillé / sec

گرم / ٹھنڈا

chaud / froid

جنگ / امن

guerre / paix

اعداد
nombres

0	1	2
صفر	ایک	دو
zéro	un / une	deux
3	4	5
تین	چار	پانچ
trois	quatre	cinq
6	7	8
چه	سات	آٹه
six	sept	huit
9	10	11
نو	دس	گیاره
neuf	dix	onze

12

باره
....
douze

13

تیره
....
treize

14

چوده
....
quatorze

15

پندره
....
quinze

16

سولہ
....
seize

17

ستره
....
dix-sept

18

اٹهاره
....
dix-huit

19

انیس
....
dix-neuf

20

بیس
....
vingt

100

سو
....
cent

1.000

ہزار
....
mille

1.000.000

دس لاکه
....
million

زبانیں
langues

انگریزی

anglais

امریکی انگریزی

anglais américain

چینی مینڈارین

chinois mandarin

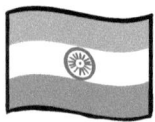

ہندی

hindi

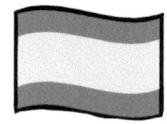

ہسپانوی

espagnol

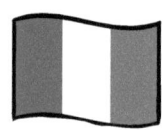

فرانسیسی

français

عربی

arabe

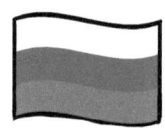

روسی

russe

پُرتگالی

portugais

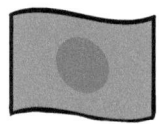

بنگالی

bengali

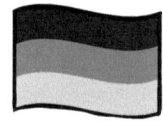

جرمن

allemand

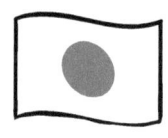

جاپانی

japonais

کون / کیا / کیسے

qui / quoi / comment

میں

je

تم

tu

وہ (لڑکا) / وہ (لڑکی) / یہ

il / elle / ce, c', cela

ہم

nous

تم

vous

وہ

ils / elles

کون؟

Qui ?

کیا؟

Quoi ?

کیسے؟

Comment ?

کہاں؟

Où ?

کب؟

Quand ?

نام

nom

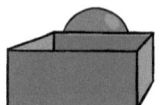

کہاں

où

پیچھے
....
derrière

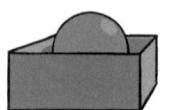

میں
....
dans

کے سامنے
....
devant

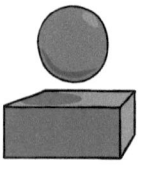

اوپر
....
au-dessus

پر
....
sur

نیچے
....
en-dessous

ساتھ
....
à côté de

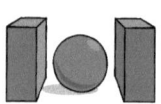

درمیان
....
entre

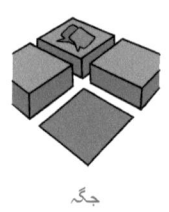

جگہ
....
lieu